E 1399

ÉRIPHILE
TRAGÉDIE.

Z. Rothschild
5228

ERIPHILE

TRAGÉDIE

DE

M. DE VOLTAIRE,

Représentée par les Comédiens ordinaires du Roi, le Vendredi 7 Mars 1732.

Piéce que l'Auteur s'étoit opposé qu'elle fût imprimée de son vivant.

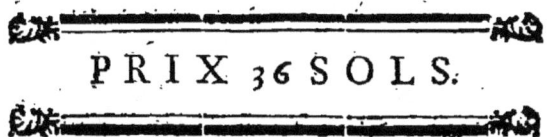

PRIX 36 SOLS.

PARIS.

M. DCC. LXXIX.

DISCOURS.

JUGES plus éclairés que ceux qui, dans Athène,
Firent naître & fleurir les loix de Melpomène ;
Daignez encourager des jeux & des écrits
Qui, de votre suffrage, attendent tout le prix :
De vos décisions le flambeau salutaire
Est le guide assuré qui mène à l'art de plaire.
En vain, contre son juge, un auteur mutiné
Vous accuse ou se plaint quand il est condamné :
Un peu tumultueux, mais juste & respectable,
Ce tribunal est libre & toujours équitable.
Si l'on vit quelquefois des écrits ennuyeux
Trouver, par d'heureux traits, grace devant vos yeux ;
Ils n'obtinrent jamais grace en votre mémoire :
Applaudis sans mérite ; ils sont, chez vous, sans gloire :
Et vous vous empressez seulement à cueillir
Les fleurs que vous sentez qu'un moment va flétrir.
D'un acteur quelquefois la séduisante adresse
D'un vers dur & sans grace adoucit la rudesse :
Des défauts embellis ne vous révoltent plus.
C'est Baron qu'on aimait ; ce n'est pas Régulus.
Sous le nom de Couvreur Constance a pu paraître :
Le public est séduit ; mais alors il doit l'être :
Et, se livrant lui-même à ce charmant attrait,
Ecoute avec plaisir ce qu'il lit à regret.

Souvent vous démêlez, dans un nouvel ouvrage,
De l'or faux & du vrai le trompeur assemblage :
On vous voit tour-à-tour applaudir, réprouver ;
Et pardonner sa chûte à qui peut s'élever.
Des sons fiers & hardis du théatre tragique
Paris court avec joie aux graces du comique :
C'est là qu'il veut qu'on change & d'esprit & de ton ;
Il se plaît au naïf, il s'égaie au bouffon :
Mais il aime sur-tout qu'une main libre & sûre
Trace, des mœurs du temps, la riante peinture.
Ainsi, dans le sentier avant lui peu battu,
Molière, en se jouant, conduit à la vertu.
Folâtrant quelquefois sous un habit grotesque,
Une muse descend au faux goût du burlesque :
On peut, à ce caprice, en passant s'abaisser ;
Mais moins pour applaudir que pour se délasser.
Heureux les purs écrits que la sagesse anime ;
Qui font rire l'esprit, qu'on aime & qu'on estime !
Tel est, du Glorieux, le chaste & sage auteur :
Dans ses vers épurés la vertu parle au cœur.
Voilà ce qui nous plaît ; voilà ce qui nous touche :
Et non ces froids bons mots dont l'honneur s'effarou-
    che :
Insipide entretien des plus grossiers esprits,
Qui font naître à la fois le rire & le mépris.
Ah ! qu'à jamais la scène, ou sublime ou plaisante,
Soit des vertus du monde une école charmante !
Français, c'est dans ces lieux qu'on vous peint tour-
    à-tour

La grandeur des héros, les dangers de l'amour?
Souffrez que la terreur aujourd'hui reparaisse:
Que, d'Eschyle au tombeau, l'audace ici renaisse.
Si l'on a trop osé, si dans nos faibles chants
Sur des tons trop hardis nous montons nos accens;
Ne découragez point un effort téméraire:
Eh! peut-on trop oser, quand on cherche à vous plaire?
Daignez vous transporter dans ces tems, dans ces lieux,
Chez les premiers humains vivans avec les Dieux:
Et que votre raison se ramène à des fables
Que Sophocle & la Grèce ont rendu vénérables.
Vous n'aurez point ici ce poison si flatteur
Que la main de l'amour apprête avec douceur.
Souvent, dans l'art d'aimer, Melpomène avilie
Farda ses nobles traits du pinceau de Thalie:
On vit des courtisans, des héros déguisés,
Pousser de froids soupirs en madrigaux usés.
Non, ce n'est point ainsi qu'il est permis qu'on aime:
L'amour n'est excusé que lorsqu'il est extrême.
Mais ne vous plairiez-vous qu'aux fureurs des amans?
A leurs pleurs, à leur joie, à leurs emportemens?
N'est-il point d'autres coups pour ébranler une ame?
Sans les flambeaux d'amour, il est des traits de flamme:
Il est des sentimens, des vertus, des malheurs
Qui, d'un cœur élevé, savent tirer des pleurs:
Aux sublimes accens des chantres de la Grèce,
On s'attendrit en homme; on pleure sans faiblesse.

Mais pour suivre les pas de ces premiers auteurs,
De ce spectacle utile illustres inventeurs,
Il faudrait pouvoir joindre, en sa fougue tragique,
L'élégance moderne avec la force antique :
D'un œil critique & juste il faut l'examiner ;
Se corriger cent fois, ne se rien pardonner ;
Et, soi-même avec fruit se jugeant par avance,
Par ses sévérités gagner votre indulgence.

PERSONNAGES.

ERIPHILE, reine d'Argos.
THÉANDRE, ministre de la reine.
ALCMÉON, inconnu, devenu commandant sous Hermogide.
LE GRAND-PRETRE de Jupiter.
HERMOGIDE, prétendant au trône d'Argos.
ZÉLONIDE, confidente de la reine.
POLÉMON, confident de la reine.
EUPHORBE, confident d'Hermogide.
Suite d'Argiens.

La Scène est à Argos, dans le vestibule du temple de Jupiter.

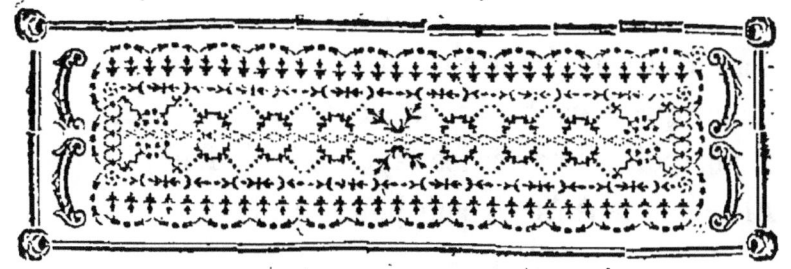

ERIPHILE.

ACTE PREMIER.

SCENE PREMIERE.

LE GRAND-PRETRE & sa suite; THÉANDRE.

LE GRAND-PRETRE.

Allez, ministres saints; annoncez à la terre
La justice du ciel, & la fin de la guerre.
Des pompes de la paix que ces murs soient parés.
Dieux, protégez Argos..... Théandre demeurez.
Vous voyez que, des Dieux, la sagesse éternelle
A béni de vos soins la piété fidelle.
Alcméon désormais est le soutien d'Argos : *

Retranchemens.

* Cet enfant, par mes mains à la mort arraché,
  Ce présent des destins, chez vous longtems caché,
  Par des exploits sans nombre aujourd'hui justifie
  L'œil perçant * des Dieux qui veilla sur sa vie.
    * Il faudrait, pour la mesure, *l'œil pénétrant.*

La victoire a suivi le char de ce héros;
Et lorsque devant lui deux rois vaincus fléchissent,
De sa gloire sur vous les rayons réjaillissent;
Alcméon dans Argos passe pour votre fils.

THÉANDRE,

Depuis qu'entre mes mains cet enfant fut remis,
Ses vertus m'ont donné des entrailles de père,
Je m'indigne en secret de son destin sévère.
J'ose accuser, des Dieux, l'irrévocable loi
Qui le fit naître esclave avec l'ame d'un roi :
Qui se plut à produire au sein de la bassesse
Le plus grand des héros dont s'honora la Grèce.

LE GRAND-PRETRE.

Aux yeux des immortels, & devant leur splendeur,
Il n'est point de bassesse; il n'est point de grandeur:
Le plus vil des humains, le roi le plus auguste,
Tout est égal pour eux; rien n'est grand que le juste.
Quels que soient ses aïeux; les destins aujourd'hui,
De leurs ordres sacrés, se reposent sur lui.
Songez à cet oracle, à cette loi suprême
Que la reine autrefois a reçu des Dieux même.
„ Lorsqu'en un même jour deux rois seront vaincus :
„ Tes mains prépareront un second hyménée :
„ Ces tems, ce jour affreux, feront la destinée
„ Et des peuples d'Argos & du sang d'Inachus.
Ce jour est arrivé : votre élève intrépide
A vaincu les deux rois de Pilos & d'Elide ;
Et l'hymen d'Eriphile est déja déclaré.
Vous, si du dernier roi le nom vous est sacré,

D'Amphiarus encor si vous aimez la gloire,
Si ce roi malheureux vit dans votre mémoire,
Dans le cœur d'Alcméon gravez ces sentimens :
Qu'il soit juste, il suffit. Mais tremblez.....

THÉANDRE.

Dieu puissans,
Que nous annoncez-vous !

LE GRAND-PRETRE.

Voici le jour peut-être
Qui va redemander le sang de votre maître :
La vengeance implacable, & qui marche à pas lents,
Descend du haut des cieux, après plus de quinze ans :
Il faut d'Amphiarus venger la mort funeste. *
Dans une obscure nuit les Dieux cachent le reste.

―――――――――――――――

* Mais gardez qu'Alcméon, par une audace vaine,
   Combatte ici les Dieux, & s'unisse à la reine.

THÉANDRE.
Qui, lui, qui d'Eriphile est le plus ferme appui !

LE GRAND-PRETRE.
Puisse à jamais le ciel la séparer de lui !

THÉANDRE.
A quelle horreur encor faut-il donc nous attendre !
Quoi, des Dieux sur Argos le courroux va descendre !
Dieu, est-ce là ce jour marqué par vos bienfaits !

LE GRAND-PRETRE.
Jamais jour ne sera plus terrible aux forfaits.
Il faut d'Amphiarus venger la mort funeste :
C'est tout ce que je sais ; } les Dieux cachent le reste.
Aux peuples aveuglés }

THÉANDRE.

Il n'est donc que trop vrai ; ce prince infortuné,
Ce grand Amphiarus, put être assassiné !
Quoi, sa femme elle-même aurait pu.... ! La barbare !
Hélas ! quand des bons rois le ciel toujours avare
A ses tristes sujets ravit Amphiarus,
Il m'en souvient assez, un murmure confus,
Quelques secrettes voix, que je croyais à peine,
Accusaient de sa mort Hermogide & la reine !
Mais quel mortel hardi pouvait jetter les yeux
Dans la nuit qui couvrait ce mystère odieux ?
Nos timides soupçons ont tremblé de paraître :
Ce bruit s'est dissipé.

LE GRAND-PRETRE.

    Le ciel l'a fait renaître.
La vérité terrible, avec des yeux vengeurs,
Vient sur l'aîle du temps ; & lit au fond des cœurs :
Son flambeau redoutable éclaire enfin l'abyme
Où, dans l'impunité, s'était caché le crime.

THÉANDRE.

O mon maître, ô grand roi, lâchement égorgé,
Je mourrai satisfait si vous êtes vengé ! *

---

* Qu'avec étonnement cependant je contemple
 Les couronnes de fleurs dont vous parez le temple !
 La publique allégresse ici parle à mes yeux
 Du bonheur de la terre & des faveurs des Dieux.
   LE GRAND-PRETRE.
 La Grèce ainsi l'ordonne ; & voici la journée
 Que, pour ce nouveau choix, elle a déterminée.

LE GRAND-PRETRE

Comment dois-tu finir, solemnelle journée,
Que le destin fixa pour ce grand hyménée ?
Hermogide, & les rois ses illustres rivaux
Qui briguaient cet hymen & désolaient Argos,
Dans une ombre de paix ont assoupi leur haine :
Ils ont remis leur sort à la voix de la reine :
Elle doit en ces lieux disposer de sa foi :
Se choisir un époux, & nous donner un roi.

Hermogide & les rois d'Elide & de Pilos,
Qui briguaient cet hymen & désolaient Argos,
Suspendant aujourd'hui leur discorde & leur haine,
Ont remis leurs destins à la voix de la reine :
Elle doit en ce lieu disposer de sa foi :
Se choisir un époux, & nous donner un roi

THÉANDRE.

O ciel, souffririez-vous que le traître Hermogide
Reçut ce noble prix d'un si lâche homicide !

LE GRAND-PRETRE.

La Reine hésite encore ; & craint de déclarer
Celui que, de son choix, elle veut honorer :
Mais, quel que soit enfin le dessein d'Eriphile,
Les temps sont accomplis ; son choix est inutile.

THÉANDRE.

Pour un hymen, grand Dieu, quel étrange appareil !
Ce matin, devançant le retour du soleil,
J'ai vu dans ce palais la garde redoublée :
La Reine était en pleurs, interdite, troublée ;
Dans son appartement elle n'osait rentrer :
Une secrette horreur semblait la pénétrer :
Elle invoquait les Dieux ; &, tremblante, éperdue,
De son premier époux embrassait la statue.

Le verrez-vous, mes yeux ! verrez-vous Hermogide
Succéder au héros dont il fut l'homicide !
Puisse un plus heureux choix, puisse un roi vertueux
Détourner le tonnerre & désarmer les Dieux !
Mais, hélas, des destins interprète sévère,
Je serai malgré moi ministre de colère !

THÉANDRE.

Nul ne sait, de son cœur, les secrets sentimens :
Mais un trouble inconnu l'agite à tous momens.
Ce matin, dans ces lieux, désolée, éperdue,
Elle a d'Amphiarus embrassé la statue :
Dans son appartement elle n'osait rentrer :
Une secrette horreur semblait la pénétrer.
Tel est des criminels le partage effroyable.
Ciel, qu'elle doit souffrir, si son cœur est coupable !

LE GRAND-PRETRE.

Bientôt de ces horreurs vous serez éclairci :
Suivez-moi dans le temple.

THÉANDRE.

Ah, seigneur, la voici.

SCENE II.

ERIPHILE, Suite, ZÉLONIDE, LE GRAND-
PRETRE, THÉANDRE.

(Eriphile paroît pleine d'horreur & de tristesse.)

ZÉLONIDE *à la reine.*

PRINCESSE, rappellez votre force première;
Que vos yeux sans frémir s'ouvrent à la lumière.

ERIPHILE.

Ah, Dieux !

ZÉLONIDE.

Puissent les Dieux dissiper votre effroi !

ERIPHILE *au Grand-prêtre.*

Eh quoi, ministre saint, vous fuyez devant moi !
Demeurez; secourez votre reine éperdue :
Ecartez cette main sur ma tête étendue :
Un spectre épouvantable en tous lieux me poursuit :
Les Dieux l'ont excité de l'éternelle nuit :
Je l'ai vu ; ce n'est point une erreur passagère
Que produit, du sommeil, la vapeur mensongère ;
Le sommeil, à mes yeux refusant ses douceurs,
N'a point sur mon esprit répandu ces horreurs.
Je l'ai vu, je le vois ; cette image *effrayante*
A mes yeux *effrayés* demeure encor présente,
Du sein de ces tombeaux de cent rois mes aïeux
Il a percé l'abyme ; il marche dans ces lieux :

Les voiles malheureux qu'ici l'hymen m'apprête,
Sanglans & déchirés, semblaient couvrir sa tête ;
Et cachaient son visage à mon œil alarmé :
D'un glaive étincelant son bras était armé :
J'entends encor ses cris & ses plaintes funestes.
Vous, confident sacré des volontés célestes,
Répondez : quel est donc ce fantôme cruel ?
Est-ce un dieu des enfers, ou l'ombre d'un mortel ?
Quel pouvoir a brisé l'éternelle barrière
Dont le ciel sépara l'enfer & la lumière ?
Les mânes des humains, malgré l'arrêt du sort,
Peuvent-ils revenir du séjour de la mort ?

LE GRAND-PRETRE.

Oui ; du ciel quelquefois la justice suprême
Suspend l'ordre éternel établi par lui-même :
Il permet à la mort d'interrompre ses loix,
Pour l'effroi de la terre & l'exemple des rois.

ERIPHILE.

Hélas, lorsque le ciel à vos autels m'entraîne ;
Et d'un second hymen me fait subir la chaîne,
M'annonce-t-il la mort, ou défend-il mes jours ?
S'arme-t-il pour ma perte, ou bien pour mon secours ?
Que veut cet habitant des ténébreux abîmes ?
Que vient-il m'annoncer ?

LE GRAND-PRETRE *sortant*.

Il vient punir les crimes.

(17)

SCENE III.

ERIPHILE, ZELONIDE.

ERIPHILE,

Quelle réponse, ô Ciel, & quel présage affreux !

ZELONIDE.

Ce jour sembloit pour vous, des jours, le plus heureux :
Des tyrans de ces lieux l'audace est confondue :
Par les mains d'Alcméon la paix vous est rendue :
Ces princes qui briguaient l'empire & votre main, *
D'un mot de votre bouche, attendent leur destin.

ERIPHILE.

Le bras d'Alcméon seul a fait tous ces miracles.

ZELONIDE.

Le destin, à vos vœux, ne mettra plus d'obstacles.
Songez à votre gloire ; à tous ces rois rivaux ;
A l'hymen qui, pour vous, rallume ses flambeaux.

ERIPHILE.

Moi, rallumer encor ces flammes détestées !
Moi porter aux autels des mains ensanglantées !

---

* Vous étiez libre enfin.
ERIPHILE.
   La liberté, la paix,
Dans mon cœur déchiré ne rentreront jamais.
ZELONIDE.
Aujourd'hui cependant, maîtresse de vous même,
Vous pouvez disposer de vous, du diadême.

B

Moi, choisir un époux ! Ce nom cher & sacré,
Par ma faiblesse horrible, est trop déshonoré.
Qu'on détruise à jamais ces pompes solemnelles.
Quelles mains s'uniraient à mes mains criminelles ?
Je ne puis,

ZELONIDE.

Rassurez votre cœur éperdu :
Hermogide bientôt.....

ERIPHILE.

Quel nom prononces-tu !
Hermogide, grands Dieux ! Lui, de qui la furie
Empoisonna le cours de ma fatale vie !
Hermogide ! Ah, sans lui, sans ses { barbares / coupables } feux,
Mon cœur, mon triste cœur, eût été vertueux !

ZELONIDE.

Quel trouble vous saisit, quel remords vous tourmente?

ERIPHILE.

Pardonne, Amphiarus, pardonne, ombre sanglante :
Cesse de m'effrayer du sein de ce tombeau :
Je n'ai point, dans tes flancs, enfoncé le couteau :
Je n'ai point consenti.... Que dis-je, misérable !

ZELONIDE.

Quoi, vous !.... De quels forfaits êtes-vous donc coupable?

ERIPHILE.

Je n'ai pu jusqu'ici t'avouer tant d'horreurs :
Les malheureux sans peine exhalent leurs douleurs :
Mais, hélas, qu'il en coûte à déclarer sa honte !

ZELONIDE.

Une douleur injuste, un vain effroi vous dompte.

La vertu la plus pure eut toujours tous vos soins :
Votre cœur n'aima qu'elle.

ERIPHILE.

Il le voulait au moins.
Tu n'étais pas à moi lorsqu'un triste hyménée,
Au sage Amphiarus, unit ma destinée ?

ZÉLONIDE.

Vous sortiez de l'enfance ; & de vos heureux jours
Seize printemps à peine avaient marqué le cours.

ERIPHILE.

C'est cet âge fatal & sans expérience,
Ouvert aux passions, faible, plein d'imprudence,
C'est cet âge indiscret qui fit tout mon malheur.
Un traître avait surpris le chemin de mon cœur...
Hélas, qui l'aurait cru, que ce fier Hermogide
Race des demi-Dieux, sorti du sang d'Alcide,
Sous l'appas d'un amour si tendre, si flatteur,
Des plus noirs sentimens cachât la profondeur !
On lui promit ma main. Ce cœur faible & sincère,
Dans ses rapides vœux soumis aux loix d'un père,
Trompé par son devoir, & trop tôt enflammé, *
Brûlait pour un barbare indigne d'être aimé ;

---

* D'un autre hymen alors on m'imposa la loi :
   On demande mon cœur ; il n'étoit plus à moi.
† Il fallut étouffer ma passion naissante ;
   D'autant plus forte en moi, qu'elle étoit innocente ;
   Que la main de mon père avoit formé nos nœuds ;
   Que mon sort, en changeant, ne changeait point mes feux :
   Et que le fier devoir, armé pour me contraindre,

Et, lorsqu'à l'oublier on voulut me contraindre,
Mes feux trop allumés ne pouvaient plus s'éteindre.
Amphiarus parut & changea mon destin :
Il obtint de mon père & l'empire & ma main.

  Les ayant allumés, eut peine à les éteindre.
  Cependant tu le fais ; Athènes, Sparte, Argos,
  Envoyèrent à Thèbe un peuple de héros,
  Mon époux y courut. Le jaloux Hermogide
  S'éloigna sur ses pas des champs de l'Argolide.
  Je reçus ses adieux. Ô funestes momens,
  Cause de mes malheurs, source de mes tourmens !
  Je crus pouvoir lui dire, en mon desordre extrême,
  Que je serais à lui, si j'étais à moi-même.
  J'en dis trop, Zélonide ; & faible que je suis,
  Mes yeux, mouillés de pleurs, expliquaient mes ennuis.
  De mes soupirs honteux je ne fus pas maîtresse ;
  Même en le condamnant, je flattais sa tendresse.

Autre changement.

† Ma passion naissante aveuglait ma jeunesse :
  D'autant plus malheureuse, hélas dans ma faiblesse,
  Que mon cœur abusé se sentait prévenu
  Pour un indigne *amour* * qu'il avait mal connu ;
  Et qu'ingrate à l'époux qui seul m'auroit dû plaire
  Il me fallut combattre un amour adultère !
  Objet de mes remords, objet de ma pitié,
] Pourquoi, quand tu partis, quand le traître Hermogide
  Te fit abandonner les champs de l'Argolide,
  Pourquoi le vis-je alors, trop faible que je suis !

Autre.

] Hélas, quand tu partis, guidé, par ton audace !
  Lorsqu'Hermogide à Thèbe accompagna ta trace,
  Pourquoi le vis-je, &c.

  * Il faut, je crois, *amant*.

Je l'armai dans ces lieux de ce fer redoutable,
Ce fer sacré des rois, dont une main coupable
Osa depuis.... Hélas, en lui donnant ma foi,
Je lui devais un cœur, il n'était plus à moi !
Ingrate à ce héros, qui seul m'aurait dû plaire,
Je portai dans ses bras une amour étrangère.
Objet de mes remords, objet de ma pitié,
Demi-Dieu, dont je fus la coupable moitié :
Quand tu quittas ces lieux, quand le traître Hermogide
Te fit abandonner les champs de l'Argolide,
Je l'avoue, il est vrai, je ne dûs pas le voir,
Et dûs mieux écouter la loi de mon devoir :
Je dûs cacher au moins ma coupable faiblesse.
Mon front mal déguisé fit parler ma tendresse :
J'avouais ma défaite, en pensant triompher,
J'allumais son espoir, que je crus étouffer.
L'aveugle ambition dont il brûlait dans l'ame,
De son fatal amour, empoisonnait la flamme ;
Il entrevit le trône ouvert à ses désirs :
Il expliqua mes pleurs, mes discours, mes soupirs,
Comme un ordre secret que ma timide bouche
Hésitait de prescrire à sa rage farouche....
Je t'en ai dit assez.... & mon époux est mort. *

ZELONIDE.
Le roi, dans un combat, vit terminer son sort.

ERIPHILE.
Argos le croit ainsi ; mais une main impie,

---

* Enfin le Roi périt, & j'ai causé sa mort.

Ou plutôt ma faiblesse a terminé sa vie :
Hermogide en secret l'immola sous ses coups.
Le cruel, tout couvert du sang de mon époux,
Vint, armé de ce fer instrument de sa rage, *
Qui des droits à l'empire était l'auguste gage ;
Et d'un assassinat pour moi seule entrepris,
Au pied de nos autels, il demanda le prix.
Grands Dieux, qui m'inspirez mes remords légitimes,
Mon cœur, vous le savez, n'est point fait pour les crimes ;
Il est né vertueux ! .... Je vis avec horreur
Le coupable ennemi qui fut mon séducteur.
Je détestai { le trône / l'amour } & { l'amour / l'empire } & la vie.

ZÉLONIDE.

Eh, ne pouviez-vous pas punir sa barbarie ?
Étiez-vous sourde au cri de ce sang innocent ?

ÉRIPHILE.

Celui qui le versa fut toujours trop puissant :
Et son habileté, secondant son audace :
De ce crime aux mortels a dérobé la trace.
Je ne fus que pleurer, me taire & le haïr ;
Mais le ciel à l'instant s'arma pour me punir.
La main des Dieux, sur moi toujours appesantie,
Opprima mes sujets, persécuta ma vie.
Les princes de Serra, d'Elide & de Pilos,
Se disputaient mon cœur & l'empire d'Argos.

---

* *Étalant* à mes yeux son crime & sa tendresse,
Vint comme à sa complice *étaler* sa promesse.

De nos chefs divisés les brigues & les haines
De l'état qui chancelle embarassoient les rênes :
Plus terrible qu'eux tous, plus grand, plus dangereux,
Sûr de ses droits au trône, & fier de ses aïeux,
Mêlant à ses forfaits la force & le courage,
Et briguant à l'envi ce sanglant héritage,
Le barbare Hermogide a disputé contre eux
Et le prix de son crime, & l'objet de ses feux.
Sur mon hymen alors, sur le sort de la guerre,
Je consultai la voix du maître du tonnerre :
A sa divinité, dont ces lieux sont remplis,
J'offris en frémissant mon encens & mes cris.
Sans doute tu l'appris cet oracle funeste ;
Ce triste avant-coureur du châtiment céleste ;
Cet oracle me dit de ne choisir un roi
Que quand deux rois vaincus fléchiraient devant moi
Mais qu'alors, d'un époux vengeant le sang qui crie
Mon fils, mon propre fils, m'arracherait la vie.

ZÉLONIDE.
Juste ciel, eh, que faire en cette extrêmité !

ERIPHILE.
Jamais mon triste cœur ne fut plus tourmenté.
Je chérissais mon fils ; la crainte & la tendresse
De mes sens désolés partageaient la faiblesse :
Mon fils me consolait de la mort d'un époux ;
Mais il falloit le perdre ou mourir par ses coups.
Trop de crainte peut-être, & trop de prévoyance,
M'ont fait justement éloigner son enfance :
Je n'osais ni trancher ni sauver ses destins :

J'abandonnai son sort à d'étrangères mains :
Il mourut pour sa mère, & ma bouche infidelle
De son trépas ici répandit la nouvelle.
Je l'arrachai pleurant de mes bras maternels....
Quelle perte, grands Dieux, & quels destins cruels !
J'ôte à mon fils le trône, à mon époux la vie ;
Et ma seule faiblesse a fait ma barbarie.
Zélonide, à tes yeux mon sort est dévoilé.
Tu vois de quelle horreur mon esprit est troublé.
Alcméon, sur deux rois, remporte la victoire ;
Mon hymen, de ce jour, doit signaler la gloire :
Mais les feux préparés pour cet hymen nouveau
Vont éclairer ma mort & parer mon tombeau.

SCENE IV.

ERIPHILE, ZÉLONIDE, POLÉMON.

ERIPHILE.

EH bien, cher Polémon, que venez-vous me dire ?

POLÉMON.

J'apporte à vos genoux les vœux de { cet / tout } empire ;
Son sort dépend de vous : le don de votre foi
Fait la paix de la Grèce & le bonheur d'un roi.
Ce long retardement à vous-même funeste,
De nos divisions peut ranimer le reste.
Euriale & Tidée, & ces rois repoussés,
Vaincus par Alcméon, ne sont point terrassés :
Dans Argos, incertain quel roi sera son maître,

Hermogide est puissant, son parti peut renaître :
Il se plaint, il murmure ; & prompt à s'alarmer,
Bientôt, malgré vous-même, il le pourroit nommer.
Veuve d'Amphiarus, & digne de ce titre,
De ces grands différends & la cause & l'arbitre
Reine, daignez d'Argos accomplir les souhaits :
Que le droit de régner soit un de vos bienfaits ;
Que votre voix décide ; & que cet hyménée
De la Grèce & de vous règle la destinée.

ERIPHILE.

Pour qui penche ce peuple ?

POLÉMON.

Il attend votre choix :
Mais on sait qu'Hermogide est du sang de nos rois :
Du souverain pouvoir il est dépositaire ;
Cet hymen à l'Etat semble être nécessaire.

ERIPHILE.

On veut que je l'épouse, & qu'il soit votre roi ?

POLÉMON.

Madame, avec respect on suivra votre loi :
Prononcez, un seul mot réglera nos hommages.

ERIPHILE.

Mais, du peuple, Hermogide a-t-il tous les suffrages ?

POLÉMON.

S'il faut parler, Madame, avec sincérité ;
Ce prince est, dans ces lieux, moins cher que redouté :
On croit qu'à son hymen il vous faudra souscrire :
Mais, madame, on le croit plus qu'on ne le désire.

ERIPHILE.

Alcméon ne vient point : l'a-t-on fait avertir ?

POLEMON.

Déja du camp, Madame, il aura dû partir.

ERIPHILE.

Ce n'est qu'en sa vertu que j'ai quelque espérance :
Puisse-t-il, de sa reine, embrasser la défense !
Puisse-t-il me sauver de tous mes ennemis !
O Dieux de mon époux, & vous, Dieux de mon fils,
Prenez de cet état les rênes languissantes !
Remettez-les vous même en des mains innocentes !
Ou, si dans ce grand jour il faut me déclarer,
Conduisez donc mon cœur, & daignez m'inspirer !

Fin du premier Acte.

ACTE II.

SCENE PREMIERE.
ALCMÉON, THÉANDRE.

THÉANDRE.

ALCMÉON, j'ai pitié de voir tant de faiblesse :
L'erreur qui vous séduit, la douleur qui vous presse,
De vos désirs secrets l'orgueil présomptueux
Eclate malgré vous & parle dans vos yeux ;
Et j'ai tremblé cent fois que la reine offensée
Ne punit, de vos vœux, la fureur insensée.
Qui, vous ! jeter sur elle un œil audacieux !
Vous cherchez à vous perdre. Ah, jeune ambitieux,
Faut-il vous voir ôter, par vos fougueux caprices,
L'honneur de vos exploits ; le fruit de vos services,
Le prix de tant de sang versé dans les combats !

ALCMÉON.

Cher ami, pardonnez : je ne me connais pas....
La reine, oui je l'avoue ; oui, sa fatale vue
Porte au fond de mon ame une atteinte inconnue.
Je ne veux point voiler à vos regards discrets
L'erreur de mon jeune âge & mes troubles secrets,
Je vous dirai bien plus : l'aspect du diadème
Semble emporter mon ame au-delà de moi-même.

J'ignore pour quel roi mon bras a triomphé.
Mais, preſſé d'un dépit avec peine étouffé,
A mon cœur étonné c'eſt un ſecret outrage
Qu'un autre emporte ici le prix de mon courage :
Que le trône ébranlé dont je fus le rempart
Dépende d'un coup d'œil, ou ſe donne au haſard.
Que dis-je, hélas, peut-être eſt-il le prix du crime !
Mais non ; n'écoutons point le tranſport qui m'anime :
Banniſſons loin de moi ce funeſte ſoupçon
Qui règne en mon eſprit, & trouble ma raiſon.
Ah, ſi la vertu ſeule, & non pas la naiſſance !...

THÉANDRE.

Ecoutez. J'ai moi-même élevé votre enfance :
Souffrez-moi quelquefois, généreux Alcméon,
L'autorité d'un père auſſi bien que le nom.
Vous paſſez pour mon fils : la fortune ſévère,
Inégale en ſes dons, pour vous marâtre & mère,
De vos jours conſervés voulut mêler le fil
De l'éclat le plus grand & du ſort le plus vil.
J'ai, d'un ſecret profond, couvert votre origine :
Mais vous la connaiſſez : & cette ame divine,
Du haut de ſa fortune, & parmi tant d'éclat,
Devrait baiſſer les yeux ſur ſon premier état.
Gardez que quelque jour cet orgueil téméraire
N'attire ſur vous-même une triſte lumière
N'éclaire enfin l'envie ; & n'offre à l'univers,
Sous vos lauriers pompeux, la honte de vos fers.

ALCMÉON.

Ah, c'eſt ce qui m'accable, & qui me déſeſpère

Il faut rougir de moi, trembler au nom d'un père;
Me cacher par faibleſſe aux moindres citoyens;
Et reprocher ma vie à ceux dont je la tiens.
Préjugé malheureux, éclatante chimère,
Que l'orgueil inventa, que le faible révère;
Par qui j'ai vu languir le mérite abattu
Aux pieds d'un prince indigne ou d'un grand ſans vertu!
Les mortels ſont égaux : ce n'eſt point la naiſſance,
C'eſt la ſeule vertu qui fait leur différence;
C'eſt elle qui met l'homme au rang des demi-Dieux:
Et qui ſert ſon pays n'a pas beſoin d'aïeux :
Princes, rois, la fortune a fait votre partage!
Mes grandeurs ſont à moi : mon ſort eſt mon ouvrage;
Et ces fers ſi honteux, ces fers où je naquis,
Je les ai faits porter aux mains des ennemis.
Je n'ai plus rien du ſang qui m'a donné la vie :
Il a, dans les combats, coulé pour la patrie.
Je vois ce que je ſuis, & non ce que je fus;
Et crois valoir au moins des rois que j'ai vaincus.

THÉANDRE.

Alcméon, croyez-moi; l'orgueil qui vous inſpire,
Que je dois condamner, & que pourtant j'admire,
Ce prince éclatant de tant d'exploits fameux,
En vous rendant ſi grand, vous fait trop malheureux.
Pliez à votre état ce fougueux caractère *

---

* Quand vous ſeriez mon fils, que pourriez-vous prétendre?
D'un ſang peu glorieux le Ciel m'a fait deſcendre;
Et ſans Corébe ou moi n'offre à votre fierté
Que de l'ignominie ou de l'obſcurité.

Qui, d'un brave guerrier, ferait un téméraire :
C'est un des ennemis qu'il vous faut subjuguer :
Né pour servir le trône, & non pour le briguer,
Sachez vous contenter de votre destinée :
D'une gloire assez haute elle est environnée :
N'en recherchez point d'autre.... Eh, qui sait si les Dieux,
Qui, toujours sur vos pas ont attaché leurs yeux,
Qui, pour venger Argos & pour calmer la Grèce,
Ont voulu vous tirer du sein de la bassesse,
N'ont point encore sur vous quelques secrets desseins !
Peut-être leur vengeance est mise entre vos mains.
Le sang de votre roi, dont la terre est fumante,
Elève encore au ciel une voix gémissante ;
Sa voix est entendue ; & les Dieux aujourd'hui,
Contre ses assassins se déclarent pour lui :
Le Grand-prêtre déja voit la foudre allumée,
Qui se cache à vos yeux dans les airs enfermée.
Enfin que feriez-vous, si les arrêts du Ciel
Vous pressaient de punir un monstre si cruel ?
Si, chargé malgré vous de leur ordre suprême,
Vous vous trouviez entre eux & la reine elle-même ?
S'il vous fallait choisir ?

SCENE II.

ALCMÉON, THÉANDRE, POLÉMON.

POLÉMON.

La reine, en ce moment,
Vous mande de l'attendre en cet appartement :
Elle vient. Il s'agit du salut de l'impire.

THÉANDRE.
Prête à choisir un roi, qu'aurait-elle à lui dire?
D'Amphiarus, ô Dieux, daignez vous souvenir !

ALCMÉON.
Pour la dernière fois je vais l'entretenir.

SCENE III.

ERIPHILE, ALCMÉON, ZÉLONIDE.

ERIPHILE
C'est à vous, Alcméon ; c'est à votre victoire
Qu'Argos doit son bonheur, Eriphile sa gloire :
C'est par vous que, maîtresse & du trône & de moi,
Dans ces murs relevés je puis choisir un roi.
Mais, prête à le nommer, ma juste prévoyance
Veut s'assurer ici de votre obéissance.
J'ai de nommer un roi, le dangereux honneur :
Faites plus, Alcméon, soyez son défenseur.

ALCMÉON.

D'un prix trop glorieux ma vie eſt honorée :
A vous ſervir, Madame, elle fut conſacrée ;
Je vous devais mon ſang ; & quand je l'ai verſé,
Puiſqu'il coulait pour vous je fus récompenſé.
Mais telle eſt de mon ſort la dure violence,
Qu'il faut que je vous trompe ou que je vous offenſe.
Reine, je vais parler. Des rois humiliés
Briguent votre ſuffrage & tombent à vos pieds :
Tout vous rit : que pourrais-je, en ce ſéjour tranquille,
Vous offrir, qu'un vain zèle & qu'un bras inutile !
Laiſſez-moi fuir des lieux où le deſtin jaloux
Me ferait malgré moi trop coupable envers vous.

ERIPHILE.

Vous, me quitter, ô Dieux ! Dans quel tems !

ALCMÉON.

           Les orages
Ont ceſſé de gronder ſur ces heureux rivages :
Ma main les écarta. La Grèce en ce grand jour,
Va voir enfin l'hymen ; & peut-être l'amour,
Par votre auguſte voix nommer un nouveau maître :
Reine juſqu'aujourd'hui, vous avez pu connoitre
Quelle fidélité m'attachait à vos loix :
Quel zèle inaltérable échauffait mes exploits,
J'eſpérais à jamais vivre ſous votre empire :
Mes vœux pourraient changer : & j'oſe ici vous dire
Que cet heureux époux, ſur le trône monté,
Eprouverait en moi moins de fidélité ;

                Et

Et qu'un sujet soumis, dévoué, plein de zèle,
Peut-être en d'autres lieux deviendrait un rebelle.

ERIPHILE.

Vous me quitter ! * Faut-il, quand je vous donne un roi
Que les cœurs vertueux se détachent de moi !
Que craignez-vous ? Parlez ; il faut ne me rien taire.

ALCMÉON.

Je ne dois point lever un regard téméraire
Sur les secrets du trône, & sur les nouveaux nœuds
Préparés par vos mains pour un roi trop heureux :
Mais de ce jour enfin la pompe solemnelle,
De votre choix au peuple, annonce la nouvelle.
Ce secret dans Argos est déja répandu.
Princesse, à cet hymen on s'étoit attendu :
Ce choix sans doute est juste, & la raison le guide : †
Mais je ne serai point le sujet d'Hermogide.
Voilà mes sentimens : & mon bras aujourd'hui,
Ayant vaincu pour vous, ne peut servir sous lui.
Punissez ma fierté, d'autant plus condamnable,
Qu'ayant osé paraître elle est inébranlable.

ERIPHILE.

Alcméon, demeurez.... J'atteste ici les Dieux ;
Ces Dieux qui sur le crime ouvrent toujours les yeux,

---

*   Eh quoi, pouvez-vous donc penser
  Qu'Eriphile à vous récompenser ?

† On ne s'étonne point que l'heureux Hermogide
  L'emporte sur les rois de Pilos & d'Elide :
  Il est du sang des Dieux & de nos premiers rois :
  Puisse-t-il mériter l'honneur de votre choix !

C

Qu'Hermogide jamais ne sera votre maître.
Sachez que c'est à vous à l'empêcher de l'être ;
Et contre ses rivaux, & sur-tout contre lui,
Songez que votre reine implore votre appui.

ALCMÉON.

Qu'entends-je ! Ah, disposez de mon sang, de ma vie !
Que je meure à vos pieds, en vous ayant servie !
Que ma mort soit utile au bonheur de vos jours !

ERIPHILE.

C'est de vous seul ici que j'attends du secours.
Allez ; assurez-vous des soldats dont le zèle
Se montre à me servir plus prompt & plus fidèle :
Que, de tous vos amis, ces murs soient entourés :
Qu'à tout événement leurs bras soient préparés.
Dans l'horreur où je suis, sachez que je suis prête
A marcher, s'il le faut, & mourir à leur tête.
Allez.

SCENE IV.

ERIPHILE, ZÉLONIDE.

ZÉLONIDE.

Que faites-vous ? Quel est votre dessein ?
Que veut cet ordre affreux ?

ERIPHILE.

Ah, je succombe enfin !
Dieux, comme en lui parlant mon ame déchirée,
Par des nœuds inconnus, se sentait attirée !

De quels charmes secrets mon cœur est combattu !
Quel état ! Achevons ce que j'ai résolu.
Je le veux : étouffons ces indignes alarmes.

ZÉLONIDE.

Vous parlez d'Alcméon, & vous versez des larmes !
Que je crains qu'en secret une fatale erreur !...

ERIPHILE.

Ah, que jamais l'amour ne rentre dans mon cœur !
Il m'en a trop coûté : que ce poison funeste,
De mes jours languissans, n'accable plus le reste !
Jours toujours malheureux, vous ne fûtes remplis
Qu'à pleurer mon époux, qu'à regretter mon fils :
Leur souvenir fatal à toutes mes promesses.....
Malheureuse, est-ce à toi d'éprouver des faiblesses !
Ce cœur plein d'amertume, est-il fait pour aimer !
Ah ! ce seul Hermogide avait su me charmer.

ZÉLONIDE.

Pourquoi donc, à son nom, redoublez-vous vos plaintes !
Pardonnez à mon zèle, & permettez mes craintes :
Songez que si l'amour décidait aujourd'hui.....

ERIPHILE.

Non, ce n'est point l'amour qui m'entraîne vers lui :
Non, un Dieu plus puissant me contraint à me rendre :
L'amour n'est point si pur, l'amour n'est point si tendre :
Non ; plus je m'examine, & plus j'ose approuver
Les sentimens secrets qui m'ont su captiver.
Ce n'est point par les yeux que mon ame est vaincue.
Ne crois pas qu'à ce point, de mon rang descendue,
Ecoutant de mes sens le charme empoisonneur,

Je donne à la beauté le prix de la valeur :
Je chéris la vertu ; j'aime ce que j'admire.
ZÉLONIDE.
Eh quoi, vous oseriez le nommer à l'empire ? *
ERIPHILE.
Peut-être entre ses mains le sceptre étant remis
Deviendrait respectable à nos Dieux ennemis.
Mais une loi plus simple & m'éclaire & me guide :
Je chéris Alcméon, je déteste Hermogide ;
Et je vais rejetter en ce funeste jour,
Les conseils de la haine & la voix de l'amour.
Nature ; dans mon cœur si longtems combattue,
Sentimens partagés d'une mère éperdue,
Tendre ressouvenir d'amour de mon devoir,
Reprenez sur mon ame un absolu pouvoir.
Moi, régner ! moi, bannir l'héritier véritable ;
Le sceptre ensanglanté pese à ma main coupable.
Réparons tout ; allons…. Et vous, Dieux, dont je sors,
Pardonnez des forfaits moindres que mes remords !
ZÉLONIDE.
Madame, quelqu'un vient.
ERIPHILE.
O Dieux, c'est Hermogide!

---

* Préférer à des rois un simple citoyen?
Déshonorer le trône?
ERIPHILE.
Il en est le soutien :
Et le sang dont il est, fût-il plus vil encore,
Je ne vois point de rang qu'Alcméon déshonore.

SCENE V.

ERIPHILE, HERMOGIDE, ZÉLONIDE, EUPHORBE.

HERMOGIDE.

MADAME, je sens trop le transport qui vous guide :
Je vois que votre cœur fait peu dissimuler :
Mais les momens sont chers ; & je dois vous parler.
Souffrez de mon respect un conseil salutaire.
Votre destin dépend du choix qu'il vous faut faire :
Je ne viens point ici rappeller des sermens
Dictés par votre père, effacés par le temps ;
Mon cœur, ainsi que vous, doit oublier, madame,
Les jours infortunés d'une inutile flamme ;
Et je rougirais trop, & pour vous & pour moi,
Si c'était à l'amour à nous donner un roi.
Un sentiment plus digne & de l'un & de l'autre
Doit gouverner mon sort & commander au vôtre.
Vos aïeux & les miens ; les Dieux dont nous sortons ;
Cet état périssant, si nous nous divisons ;
Le sang qui nous a joints ; l'intérêt qui nous lie,
Nos ennemis communs, l'amour de la patrie ;
Votre pouvoir, le mien, tous deux à redouter ;
Ce sont là les conseils qu'il vous faut écouter.
Bannissez pour jamais un souvenir funeste :
Le présent nous appelle ; oublions tout le reste :
Le passé n'est plus rien. Maître de l'avenir.

Le grand art de régner doit seul nous réunir.
Les plaintes, les regrets, les vœux sont inutiles : *
C'est par la fermeté qu'on rend les Dieux faciles.
Ce fantôme odieux qui vous trouble en ce jour, †
Qui naquit de la crainte & l'enfante à son tour,
Doit-il nous alarmer par tous ses vains prestiges !
Pour qui ne les craint point il n'est point de prodiges.
Ils sont l'appas grossier des peuples ignorans :
L'invention du fourbe, & le mépris des grands.
Pensez en roi, madame; & laissez au vulgaire,
Des superstitions, le joug imaginaire.

ERIPHILE.

Quoi, vous !.....

HERMOGIDE.

Encore un mot, madame, & je me tais.
Le seul bien de l'état doit remplir vos souhaits.
Vous n'avez plus les noms & d'épouse & de mère;
Le ciel vous honora d'un plus grand caractère;
Vous régnez : mais songez qu'Argos demande un roi.
Vous avez à choisir, vos ennemis ou moi :
Moi, né près de ce trône; & dont la main sanglante
A soutenu quinze ans sa grandeur chancelante :
Moi, dis-je, ou l'un des rois sans force & sans appui,

---

* Et, pour un choix si grand, j'attends de vous, madame,
  Les vertus d'un roi, non les pleurs d'une femme.

† Devons-nous redouter un fantôme odieux !
  Vivant, je l'ai vaincu; mort, est-il dangereux !
  D'un œil indifférent voyons ces vains prodiges;
  Que peuvent contre nous les morts & leurs prestiges !

Que mon lieutenant seul a vaincus aujourd'hui.
Je me connais ; je sais que, blanchi sous les armes,
Ce front triste & sévère a pour vous peu de charmes :
Je sais que vos appas, encor dans leurs printemps,
Devraient s'effaroucher de l'hiver de mes ans :
Mais la raison d'état connoît peu les caprices :
Et de ce front guerrier les nobles cicatrices :
Ne peuvent se couvrir que du bandeau des rois.
Vous connaissez mon rang, mes attentats, mes droits :
Sachant ce que j'ai fait, & voyant où j'aspire,
Vous me devez, madame, ou la mort ou l'empire.
Quoi, vos yeux sont en pleurs, & vos esprits troublés !

ERIPHILE.

Non, seigneur, je me rends : mes destins sont réglés :
On le veut ; il le faut ; ce peuple me l'ordonne :
C'en est fait ; à mon sort, seigneur, je m'abandonne.
Vous, lorsque le soleil descendra dans les flots,
Trouvez-vous dans le temple avec les chefs d'Argos.
A mes aïeux, à vous, je vais rendre justice ;
Et prétends qu'à mon choix l'univers applaudisse :
Et vous pourrez juger si ce cœur abattu
Sait conserver la gloire & connaît la vertu.

HERMOGIDE.

Mais, madame, voyez....

ERIPHILE.

Dans mon inquiétude,
Mon esprit a besoin d'un peu de solitude :
Mais, jusqu'à ces momens que mon ordre a fixés,
Si je suis reine encor, seigneur obéissez.

SCENE VI.

HERMOGIDE, EUPHORBE.

HERMOGIDE.

DEMEURE. Ce n'est pas au gré de son caprice
Qu'il faut que ma fortune & que mon sort fléchisse :
Et je n'ai pas versé tout le sang de mes rois
Pour dépendre aujourd'hui du hazard de son choix.
Parle ; as-tu disposé cette troupe intrépide ;
Ces compagnons hardis du destin d'Hermogide ?
Contre la reine même osent-ils me servir ?

EUPHORBE.

Pour vos intérêts seuls ils sont prêts à périr.

HERMOGIDE.

Je saurai me sauver du reproche & du blâme
D'attendre, pour régner, les bontés d'une femme.
Je fus quinze ans sans maitre à ne pas obéir :
Le fruit de tant de soins est lent à recueillir ;
Mais enfin l'heure approche ; & c'étoit trop attendre
Pour suivre Amphiarus, ou régner sur sa cendre.
Mon destin se décide : &, si le premier pas
Ne m'élève à l'empire, il m'entraine au trépas.
Entre le trône & moi tu vois le précipice :
Allons ; que ma fortune y tombe, ou le franchisse.

Fin du second Acte.

ACTE III.

SCENE PREMIERE.
HERMOGIDE, EUPHORBE.

HERMOGIDE.

Enfin donc voici l'heure où, dans le temple même,
La reine, avec sa main, donne le diadème !
Euphorbe, ou je me trompe, ou de bien des horreurs
Ces dangereux momens sont les avant-coureurs.

EUPHORBE.
Polémon, de sa part, flatte votre espérance.

HERMOGIDE.
Polémon veut en vain tromper ma défiance.

EUPHORBE.
Eh, qui choisir, que vous ! Cet empire aujourd'hui
Demande un bras puissant qui lui serve d'appui...
Que dis-je ! Vous aimez ; & jamais tant de flamme....

HERMOGIDE.
Moi ! Que cette faiblesse ait amolli mon ame !
Hermogide amoureux ! Ah, qui veut être roi,
Ou n'est pas fait pour l'être, ou n'aime rien que soi !
A la reine engagé, je pris sur sa jeunesse
Cet heureux ascendant que les soins, la souplesse,
L'attention, le tems, savent si bien donner

Sur un cœur sans dessein, facile à gouverner;
Le bandeau de l'amour & l'art trompeur de plaire,
De mes vastes desseins, ont voilé le mystère :
Mais de tout tems, crois moi, la soif de la grandeur
Fut le seul sentiment qui régna dans mon cœur.

EUPHORBE.

Tout vous portait au trône; & les vœux de l'armée,
Et la voix de ce peuple & de la renommée,
Et celle de la reine en qui vous espériez.

HERMOGIDE.

Par quels funestes nœuds nos destins sont liés!
Son époux & son fils, privés de la lumière,
Du trône à mon courage entr'ouvraient la barrière,
Quand la main de nos Dieux la ferma sous mes pas.
Je sais que j'eus les vœux du peuple & des soldats;
Mais la voix de ces Dieux, ou plutôt de nos prêtres,
M'a dépouillé quinze ans du rang de mes ancêtres.
Il fallut succomber aux superstitions, *
Qui sont bien plus que nous les rois des nations ;
Et le zèle aveugle d'un peuple fanatique
Fut plus fort que mon bras & que ma politique.

---

* Tel est l'esprit du peuple endormi dans l'erreur :
Un prodige apparent, un pontife en fureur,
Un oracle, une tombe, une voix fanatique
Sont plus forts que mon bras & que ma politique :
Il fallut obéir aux superstitions,
Qui sont bien plus que nous les rois des nations :
Et, loin de les braver, *qui même avec adresse*
De ce peuple aveugle caressa la faiblesse.

EUPHORBE.

En faveur de vos droits ce peuple enfin s'unit :
Du trône devant vous le chemin s'applanit.
Argos, par votre main fait à la servitude,
Long-temps de votre joug prit l'heureuse habitude.
Nos chefs feront pour vous.

HERMOGIDE.

Je compte sur leur foi,
Tant que leur intérêt les peut joindre avec moi.
L'un d'eux, je l'avouerai, me trouble & m'importune :
Son destin qui s'élève étonne ma fortune :
Je le crains malgré moi.

EUPHORBE.

Quoi, le jeune Alcméon,
Ce soldat qui vous doit sa grandeur & son nom ?

HERMOGIDE.

Oui : ce fils de Théandre, & qui fut mon ouvrage ;
Qui, sous moi, de la guerre a fait l'apprentissage ;
Maître de trop de cœurs à mon char arrachés,
Au bonheur qui le suit les a tous attachés.
Par ses heureux exploits ma grandeur est ternie ;
Son ascendant vainqueur impose à mon génie :
Son seul aspect ici commence à m'alarmer :
Je le hais d'autant plus qu'il sait se faire aimer :
Que, des peuples séduits, l'estime est son partage :
Sa gloire m'avilit & sa vertu m'outrage.
Je ne sais, mais le nom de ce fier citoyen,
Tout obscur qu'il est, semble égaler le mien :
Et moi, près de ce trône où je dois seul prétendre,

J'ai lassé ma fortune à force de l'attendre.
Mon crédit, mon pouvoir adoré si long-temps,
N'est qu'un colosse énorme ébranlé par les ans,
Qui penche vers sa chûte ; & dont le poids immense
Veut, pour se soutenir, la suprême puissance. *
Mais du moins en tombant je saurai me venger.

EUPHORBE.

Eh, que prétendez-vous ?

HERMOGIDE.

Ne plus rien ménager :
Déchirer, s'il le faut, le voile heureux & sombre
Qui couvrit jusqu'ici mes projets de son ombre :
Les justifier tous par un nouvel effort ;
Par un triomphe illustre, ou la plus belle mort ;
Et, dans le désespoir où je vois qu'on m'entraîne,
Ma fureur.... Mais on entre, & j'apperçois la reine.

---

* Crois-tu que d'Alcméon l'orgueil présomptueux
Jusqu'à ce rang auguste osât porter ses vœux ?
Penses-tu qu'il aspire à l'hymen de la reine ?

EUPHORBE.

Il n'aura point sans doute une audace si vaine.
Mais, seigneur, cependant... savez-vous qu'aujourd'hui
Eriphile en secret a vu Théandre & lui ?
Qu'elle les a quittés les yeux baignés de larmes ?

HERMOGIDE.

Tout m'est suspect de lui ; tout me remplit d'alarmes :
Ce seul moment encor il faut la ménager :
Dans un moment je règne, & je vais me venger ;
Tout va sentir ici mon pouvoir & ma haine ;
Je saurai.... Mais on entre, & j'apperçois la reine.

SCENE II.

ERIPHILE, ALCMÉON, HERMOGIDE,
POLÉMON, EUPHORBE,
Chœur des Argiens.

POLÉMON.

Oui; ce peuple, madame, & les chefs & les rois
Sont prêts à confirmer, à chérir votre choix;
Et je viens en leur nom, présenter leur hommage
A votre heureux époux, leur maître & votre ouvrage.
Ce jour va, de la Grèce, assurer le repos.

ERIPHILE.

Vous, chefs qui m'écoutez; & vous, peuples d'Argos,
Qui venez en ces lieux reconnaître l'empire
Du nouveau souverain que ma main doit élire,
Je n'ai point à choisir, je n'ai plus qu'à quitter
Un sceptre que mes mains n'auraient pas dû porter.
Votre maître est vivant; mon fils respire encore.
Ce fils infortuné, qu'à sa première aurore,
Par un trépas soudain, vous crutes enlevé,
Par l'esclave Corébe en secret élevé,
Fut porté, fut nourri dans l'enceinte sacrée,
Dont le ciel à mon sexe a défendu l'entrée;
Dans ces terribles lieux qu'ont souvent habité
Ces Dieux vengeurs, ces Dieux dont je tiens la clarté.
C'est-là qu'avec Corébe enfermé dès l'enfance
Mon fils, de son destin, n'eut jamais connaissance.

Mon amour maternel, timide & curieux,
A cent fois fur fa vie interrogé les Dieux :
Ou leur voix m'a trompée, ou le prince refpire.
Je remets dans fes mains mes jours & mon empire.
Je fais trop que le Dieu, maître éternel des Dieux,
Jupiter, dont l'oracle eft préfent en ces lieux,
Me prédit, m'affura que ce fils fanguinaire
Porterait le poignard dans le fein de fa mère.
Puiffe aujourd'hui, grand Dieu, l'effort que je me fais
Vaincre l'affreux deftin qui l'entraîne aux forfaits !
Oui, peuple, je le veux; oui, le roi va paraître :
Je vais, à le montrer, obliger le Grand-prêtre :
Ce fecret au grand jour va briller aujourd'hui :
J'ai fait chercher ce prince & Corébe avec lui.
Dans l'état où je fuis il n'eft rien que je craigne :
Qu'on me rende mon fils; qu'il m'immole; qu'il règne.

HERMOGIDE.

Peuple, chefs, il faut donc m'expliquer à mon tour;
L'affreufe vérité va donc paraître au jour.
Ce fils qu'on redemande afin de mieux m'exclure,
Cet enfant dangereux, l'horreur de la nature,
Né pour le parricide, & dont la cruauté
Devait verfer le fang du fein qui l'a porté,
Ce fils n'eft plus : les Dieux ont prévenu fon crime.

ERIPHILE.

O ciel!

HERMOGIDE.

En ces lieux même on frappa la victime :

Et Corébe & le prince ont ici leur tombeau : *
Il fallut étouffer ce monstre en son berceau :
A la reine, à l'état son sang fut nécessaire :
Les Dieux le demandaient : je servis leur colère :
  (*au peuple.*)
Et, si ce sang coupable a coulé sous mes coups, **

---

* Il falloit étouffer ce monstre en son berceau : †
 Celui qui l'élevoit le suivit au tombeau :
 Dans leurs flancs malheureux je plongeai ce fer même
 Qu'Amphiarus reçut avec le diadême.
 La reine qui m'entend, & que je vois frémir,
 Ne doit qu'à moi le jour qu'un fils dût lui ravir.
 Mais, après cet aveu nécessaire & funeste,
 Il faut, de mon secret, vous déclarer le reste.
 Ce trône étoit à moi : ce rang des demi-Dieux,
 Défendu par mon bras, fondé par mes aïeux,
 Cent fois teint de mon sang, n'attend que moi pour maître
 Issu du sang des rois, je vais périr ou l'être.
 Amis, suivez mes pas. J'attendrai mon destin
 Le diadême au front, & le fer à la main.

   Autre leçon.

† Et le prince & Corébe ont ici leur tombeau :
 J'étouffai malgré moi ce monstre en son berceau ;
 J'enfonçai dans ses flancs cette royale épée
 Par son père autrefois sur moi-même usurpée ;
 Et, soit décret des Dieux, soit pitié, soit horreur,
 Je ne pus de son sein tirer le fer vengeur.
 Sa dépouille sanglante, en mes mains demeurée,
 De cette mort si juste est la preuve assurée.
 La reine, qui m'entend, & que je vois frémir,
 Me doit au moins le jour qu'un fils dût lui ravir.

** Et vous, si vous osez douter de son destin,
 Sachez que sa dépouille est encore en ma main.
 J'atteste mes aïeux, & le jour qui m'éclaire,
 Que j'immolai le fils pour conserver la mère.

J'ai prodigué le mien pour la Grèce & pour vous:
Argos m'en doit le prix : &, puisqu'il veut un maître,
Seul descendant des rois, je vais périr ou l'être.
Je vous ai tous servis : ce rang des demi Dieux,
Défendu par mon bras, fondé par mes aïeux,
Cent fois teint de mon sang, doit être mon partage:
Je l'attendrai de vous, de moi, de mon courage,
De ces Dieux dont je sors & qui seront pour moi.
Amis, suivez mes pas, & servez votre roi.

SCENE III.

ERIPHILE, POLÉMON, ALCMÉON, Chœur.

ERIPHILE.

Ou suis-je ? De quels traits le cruel m'a frappée !
Mon fils ne serait plus! Dieux, vous m'auriez trompée !
(*à Polémon.*)
Et vous, que j'ai chargé de rechercher son sort ?....

POLÉMON.

On l'ignore en ce temple ; & sans doute il est mort.

ALCMÉON.

Reine, c'est trop souffrir qu'un monstre vous outrage :
Confondez son orgueil, & punissez sa rage :
Tous vos guerriers sont prêts ; permettez que mon
    bras....

ERIPHILE.

Es-tu lasse, fortune ; est-ce assez d'attentats !
Chère ombre de mon fils... & toi cendre sacrée,

Cendre

Cendre de mon époux, de vengeance altérée,
Mânes fanglans, faut-il que votre meurtrier
Règne fur votre tombe, & foit votre héritier!
Le temps, le péril preffe : il faut donner l'empire.
Un Dieu, dans ce moment, un Dieu parle & m'infpire:
Je cède. Je ne puis, dans ce jour de terreur,
Réfifter à la voix qui s'explique à mon cœur :
C'eft vous, maître des rois & de la deftinée,
C'eft vous qui me forcez à ce grand hyménée....
Alcméon, de ces Dieux fecondez le courroux....
Seigneur..... vengez mon fils, & le trône eft à vous.

ALCMEON.

Grande reine, eft-ce à moi que cet honneur infigne?..

ERIPHILE.

Ah, quel roi dans la Grèce en ferait auffi digne!
Ils n'ont que des aïeux ; vous avez des vertus : *
Ils font rois ; mais c'eft vous qui les avez vaincus.
C'eft vous que le ciel nomme, & vous m'allez défendre:
C'eft vous qui, de mon fils, allez venger la cendre.
Peuple, voilà le roi fi long-temps attendu ;
Qui feul vous défendit ; qui feul vous était dû :
Ce vainqueur de deux rois, prédit par les Dieux mêmes
Qu'il foit digne à jamais de ce faint diadème :
Que je retrouve en lui les Dieux qu'on m'a ravis ;
Votre appui ; votre roi ; mon époux & mon fils !

---

* Et, près de vous, enfin que font-ils à mes yeux?
Vous avez des vertus ; ils n'ont que des aïeux.
J'ai befoin d'un vengeur, & non pas d'un vain titre :
Régnez ; de mon deftin foyez l'heureux arbitre.

D

SCENE IV.

ERIPHILE, ALCMEON, POLEMON, THEANDRE, Chœur.

THEANDRE.

Que faites-vous, madame; & qu'allez-vous résoudre ?
Le jour fuit, le ciel gronde : entendez-vous la foudre?
De la tombe du roi le pontife a tiré *
Un fer que sur l'autel ses mains ont consacré.
Sur l'autel à l'instant ont paru les furies :
Les flambeaux de l'hymen sont dans leurs mains impies.
Tout le peuple tremblant, dans la cendre couché,
Baisse un front immobile à la terre attaché.

ERIPHILE.

Jusqu'où veux-tu pousser ta fureur vengeresse :
O ciel ! peuples, rentrez. Théandre, qu'on me laisse.
Quel juste effroi saisit mes esprits égarés !
Quel jour pour un hymen !

---

* Le temple en a tremblé ; l'autel en est détruit.
  Amphiarus paraît : de l'éternelle nuit
  Il vient couvert de sang ; il conduit les furies.

SCENE V.

ERIPHILE, ALCMEON.

ERIPHILE.

AH, seigneur, demeurez !
Eh quoi, je vois les Dieux, les enfers, & la terre
S'élever tous ensemble, & m'apporter la guerre !
Mes ennemis, les morts, contre moi déchaînés,
Tout l'univers m'outrage, & vous m'abandonnez !

ALCMEON.

Je vais périr pour vous; ou punir Hermogide:
Vous servir, vous venger, vous sauver d'un perfide.

ERIPHILE.

Je vous faisais son roi; mais hélas... mais, seigneur...
Arrêtez; connaissez mon trouble & ma douleur : *
L'effroi, la mort, le sang; le crime m'environne :
J'ai cru les écarter en vous plaçant au trône :
J'ai cru même appaiser ces mânes en courroux;
Ces mânes soulevés de mon premier époux.
Hélas, combien de fois, de mes douleurs pressée,
Quand le sort de mon fils accablait ma pensée,
Et qu'un léger sommeil venait enfin couvrir
Mes yeux trempés de pleurs & lassés de s'ouvrir,
Combien de fois les Dieux ont semblé me prescrire

---

* Voyez mon désespoir, & connoissez mon cœur.

De vous donner ma main, mon cœur & mon empire!
Mais, dans ce même instant par eux déterminé,
Où vous montez au trône à mon fils destiné,
Le ciel & les enfers alarment mon courage ;
Je vois les Dieux armés condamner leur ouvrage :
Et vous seul m'inspirez plus d'horreur & d'effroi
Que le Ciel & les morts irrités contre moi.
Je tremble en vous donnant ce sacré diadème :
Ma bouche, en fremissant, prononce je vous aime :
D'un pouvoir inconnu l'invincible ascendant
M'entraine ici vers vous, m'en repousse à l'instant ;
Et par un sentiment que je ne puis comprendre,
Mêle une horreur affreuse à l'amour le plus tendre.

ALCMEON.

Quels momens ! quel mèlange, ô Dieux qui m'écoutez ;
D'étonnement, de trouble, & de félicités !
L'orgueil de vous aimer, le bonheur de vous plaire,
Vos terreurs, vos bontés, la céleste colère,
Tant de biens, tant de maux, me pressent à la fois,
Que mes sens accablés succombent sous leur poids.
Quoiqu'ébloui du rang que vos bontés m'apprêtent,
C'est sur vos seuls dangers que mes regards s'arrêtent.
C'est pour vous délivrer de ce péril nouveau,
Que votre époux lui-même a quitté son tombeau.
Vous avez, d'un barbare, entendu la menace :
Où ne peut point aller sa criminelle audace !
Souffrez qu'au palais même assemblant vos soldats,
J'assure au moins vos jours contre ses attentats :

Que, du peuple étonné, j'appaife les alarmes :
Que, prêts au moindre bruit, mes amis foient en armes.
C'eft en vous défendant que je dois mériter
Le trône où votre choix m'ordonne de monter.

ERIPHILE.

Allez. Je vais au temple, où d'autres facrifices
Pourront rendre les Dieux à nos vœux plus propices :
Ils ne recevront point d'un regard de courroux
Un encens que mes mains n'offriront que pour vous.

Fin du troifieme Acte.

ACTE IV.

SCENE PREMIERE.
ALCMEON, THEANDRE.

ALCMEON.

Tout est en sûreté ; le palais est tranquille ;
Et je réponds du peuple & sur-tout d'Eriphile.

THEANDRE.

Pensez plus au péril dont vous êtes pressé :
Il est rival & prince, & de plus offensé :
Il songe à la vengeance ; il la jure ; il l'apprête.
J'entends gronder l'orage autour de votre tête.
Son rang lui donne ici des soutiens trop puissans :
Et ses heureux forfaits lui font des partisans.
Cette foule d'amis, qu'à force d'injustices.....

ALCMEON.

Lui des amis, Théandre ! Il n'a que des complices,
Plus prêts à le trahir que prompts à le venger :
Des cœurs nés pour le crime & non pour le danger.
Je compte sur les miens : la guerre & la victoire
Nous ont long-temps unis par les nœuds de la gloire :
Avant que tant d'honneurs sur ma tête amassés
Traînassent après moi des cœurs intéressés :
Ils sont tous éprouvés, vaillans, incorruptibles :
La vertu qui nous joint nous rend tous invincibles.
Leurs bras victorieux m'aideront à monter

A ce rang qu'avec eux j'appris à mériter.
Mon courage a franchi cet intervalle immense
Que met, du trône à moi, mon indigne naissance.
L'hymen va me payer du prix de ma valeur :
Je ne vois qu'Eriphile, un sceptre, & mon bonheur.

THEANDRE.

Mais ne craignez-vous point ces prodiges funestes
Qu'étalent à vos yeux les vengeances célestes ?
Ces tremblemens soudains, ces spectres menaçans,
Ces morts, dont le retour est l'effroi des vivans ?
D'une timide main ces victimes frappées
Au fer qui les poursuit dans le temple échappées ?
Ce silence des Dieux, garant de leur courroux ?
Tout me fait craindre ici : tout m'afflige pour vous.
Du ciel qui nous poursuit la vengeance obstinée
Semble se déclarer contre votre hyménée.

ALCMEON.

Mon cœur fut toujours pur, il honora les Dieux :
J'espère en leur justice ; & je ne crains rien d'eux.
De quel indigne effroi ton ame est-elle atteinte !
Ah, les cœurs vertueux sont-ils nés pour la crainte !
Mon orgueilleux rival ne saurait me troubler :
Tout chargé de forfaits, c'est à lui de trembler.
C'est sur ses attentats que mon espoir se fonde ;
C'est lui qu'un Dieu menace : &, si la foudre gronde,
La foudre me rassure ; & le ciel que tu crains,
Pour le mieux écraser, la mettra dans mes mains.

THEANDRE.

Le ciel n'a pas toujours puni les plus grands crimes ;

Et frappe quelquefois d'innocentes victimes.
Amphiarus fut juste ; & vous ne savez pas
Par quelles mains le ciel a permis son trépas.

ALCMEON.

Hermogide ?...

THEANDRE.

Souffrez que laissant la contrainte,
Seigneur, un vieux soldat vous parle ici sans feinte.

ALCMÉON.

Tu sais combien mon cœur chérit la vérité.

THÉANDRE.

Je connais, de ce cœur, toute la pureté.
Des héros de la Grèce imitateur fidèle,
Vous jurez aux forfaits une guerre éternelle :
Vous vous croyez, seigneur, armé pour les venger ;
Gardez de les défendre & de les protéger.

ALCMÉON.

Comment, que dites-vous !

THÉANDRE.

Vous êtes jeune encore
A peine avez-vous vu votre premiere aurore,
Quand le roi malheureux descendit chez les morts :
Peut-être ignorez-vous ce qu'on disait alors ;
Et de la cour du roi quel fut l'affreux langage.

ALCMÉON.

Eh bien ?

THÉANDRE.

Je vais vous faire un trop sensible outrage :
Mais je vous trahirais à le dissimuler :
Je vous tiens lieu de père ; & je dois vous parler.

ALCMÉON.
Eh bien, que difait-on ? Acheve.
THÉANDRE.
Que la reine
Avait lié fon cœur d'une barbare chaîne :
Qu'au coupable Hermogide elle promit fa main :
Et jufqu'à fon époux conduifit l'affaffin.
ALCMÉON.
Rends grace à l'amitié qui, pour toi m'intéreffe :
Si tout autre que toi foupçonnait la princeffe ;
Si quelque audacieux avait pu l'offenfer....
Mais que dis-je ! Toi même as-tu pu le penfer ?
Peux-tu me préfenter ce poifon que l'envie
Répand aveuglement fur la plus belle vie ?
J'ai peu connu la cour ; mais la crédulité
Aiguife ici les traits de la malignité.
Les oififs courtifans, que les chagrins dévorent,
S'efforcent d'obfcurcir les aftres qu'ils adorent.
Là, fi vous en croyez leur coup-d'œil pénétrant,
Tout miniftre eft un traître, & tout prince un tyran :
L'hymen n'eft entouré que de feux adultères ;
Le frère, à fes rivaux, eft vendu par fes frères ;
Et, fi-tôt qu'un grand roi penche fur fon déclin,
Ou fon fils ou fa femme ont hâté fon deftin.
Je hais, de ces foupçons, la barbare imprudence :
Je crois que, fur la terre, il eft quelque innocence :
Et mon cœur, repouffant ces fentimens cruels,
Aime à juger par lui du refte des mortels.
Qui croit toujours le crime, en parait trop capable.

A mes yeux, comme aux leurs, Hermogide est coupable
Lui seul a pu commettre un meurtre si fatal :
Lui seul est parricide.

THÉANDRE.

Il est votre rival :
Vous écoutez, sur lui, vos soupçons légitimes :
Vous trouvez du plaisir à détester ses crimes :
Mais un objet plus cher.....

ALCMÉON.

Ah, ne l'outrage plus,
Et garde le silence, ou vante ses vertus !

SCENE II.
ERIPHILE, Suite, ALCMÉON, THÉANDRE, ZÉLONIDE.

ERIPHILE.

Roi d'Argos, paraissez ; & portez la couronne :
Vos mains l'ont défendue ; & mon cœur vous la donne.
Je ne balance plus ; je mets sous votre loi
L'empire d'Inachus, & vos rivaux, & moi.
J'ai fléchi, de nos Dieux, les redoutables haines.
Leurs vertus sont en vous ; leur sang coule en mes veines
Et jamais sur la terre on n'a formé des nœuds
Plus chers aux immortels, & plus dignes des Cieux.

ALCMÉON.

Ils lisent dans mon cœur ; ils savent que l'empire
Est le moindre des biens où mon courage aspire.
Puisse tomber sur moi leurs plus funestes traits,
Si ce cœur infidèle oubliait vos bienfaits !

Ce peuple qui m'entend, & qui m'appelle au temple,
Me verra commander pour lui donner l'exemple;
Et, déja par mes mains instruit à vous servir,
N'apprendra de son roi qu'à vous mieux obéïr.

ERIPHILE.

Enfin la douce paix vient rassurer mon ame:
Dieux, vous favorisez une si pure flamme:
Vous ne rejettez point mon encens & mes vœux!
Suivez mes pas, entrons.

(*Le temple s'ouvre; l'ombre d'Amphiarus paraît dans une posture menaçante.*)

L'OMBRE D'AMPHIARUS.

Arrête, malheureux.

ERIPHILE.

Amphiarus! O ciel, où suis-je!

ALCMÉON.

Ombre fatale
Quel Dieu te fait sortir de la nuit infernale?
Quel est le sang qui coule, & quel es-tu? *

L'OMBRE.

Ton roi.
Si tu prétends régner, arrête, obéïs-moi.

---

* Que viens-tu m'annoncer? Quels traits affreux de sang
Dégouttent sur le marbre, & coulent de ton flanc!
Romps le silence, ô mort ou propice ou funeste!
Apportes-tu la haine ou la faveur céleste?
Explique-toi: ce cœur qui ne sait point trembler
Mérite que, du moins, tu daignes lui parler.

ERIPHILE.

Quel regard formidable, & quel courroux l'anime!
Ciel, faut-il tant de fois me punir de mon crime!
Misérable! (*Elle se laisse tomber sur sa confidente.*)

ALCMÉON.

Ombre affreuse, eh, quelle es-tu?

ALCMÉON.

Eh bien, mon bras est prêt; parle que faut-il faire?

L'OMBRE.

Me venger sur ma tombe.

ALCMÉON.

Eh, de qui?

L'OMBRE.

(le temple se referme.) De ta mère.

ALCMÉON.

Ma mère! Que dis-tu! Quel oracle confus!....
Mais l'enfer le dérobe à mes yeux éperdus:
Les Dieux ferment leur temple.

THÉANDRE.

O prodige effroyable!

ALCMÉON.

O d'un pouvoir funeste oracle impénétrable!

ERIPHILE.

A peine ai-je repris l'usage de mes sens.....
Quel ordre ont prononcé ces horribles accens?
De qui demandent-ils le sanglant sacrifice?

ALCMÉON.

Ciel, peux-tu demander que ma mère périsse!
Madame, le destin qui m'a trahi toujours
M'ôta dès mon berceau les auteurs de mes jours.
Théandre jusqu'ici m'a tenu lieu de père:
Je ne suis point son fils; & je n'ai plus de mère.

ERIPHILE.

Que prétendez-vous donc, mânes trop irrités?

ALCMÉON.

Je commence à percer dans ces obscurités:

Je commence à sentir que les destins sont justes.
Que je n'étais point né pour ces grandeurs augustes :
J'eusse été trop heureux. Mais ces mânes jaloux,
Du sein de ces tombeaux, s'élèvent contre nous :
Préviennent votre honte ; & rompent l'hyménée
Dont s'offensaient les Dieux de qui vous êtes née.

ERIPHILE.
Ah, que me dites-vous ! hélas !

ALCMÉON.
     Souffrez du moins
Que je puisse un moment vous parler sans témoins.
Pour la dernière fois vous m'entendez peut-être :
Je vous avais trompée, & vous m'allez connaître.

ERIPHILE.
Sortez.... De toutes parts ai-je donc à trembler !
(Théandre & la suite sortent.)

ALCMÉON.
Il n'est plus de secrets que je doive celer.
Connu par ma fortune & par ma seule audace,
Je cachais aux humains le malheur de ma race ;
Mais je ne me répens, au point où je me vois,
Que de m'ètre abaissé jusqu'à rougir de moi :
Voilà ma seule tache & ma seule foiblesse.
J'ai craint tant de rivaux dont la maligne adresse
A, d'un regard jaloux, sans-cesse examiné,
Non pas ce que je suis, mais de qui je suis né :
Et qui, de mes exploits rabaissant tout le lustre,
Pensaient ternir mon nom quand je le rends illustre :
J'ai cru que ce vil sang dans mes veines transmis,

Plus pur par mes travaux, était d'assez grand prix ;
Et que, lui préparant une plus digne course,
En le versant pour vous, j'ennoblissais la source.
Je fis plus : jusqu'à vous on me vit aspirer :
Et, rival de vingt rois, j'osais vous adorer.
Ce ciel enfin, ce ciel m'apprend à me connaître :
Il veut confondre en moi le sang qui m'a fait naître :
La mort entre nous deux vient d'ouvrir ses tombeaux :
Et l'enfer contre moi s'unit à mes rivaux :
Sous les obscurités d'un oracle sévère,
Les Dieux m'ont reproché jusqu'au sang de ma mère.
Madame, il faut céder à leurs cruelles loix :
Alcméon n'est pas fait pour succéder aux rois.
Victime d'un destin que même encor je brave,
Je ne m'en cache plus, je suis fils d'un esclave.

ÉRIPHILE.

Vous, seigneur !

ALCMÉON.

Oui, madame ; & dans un rang si bas
Souvenez-vous * qu'enfin je ne m'en cachai pas :
Que j'eus l'ame assez forte, assez inébranlable
Pour faire devant vous l'aveu qui vous accable :
Que ce sang dont les Dieux ont voulu me former
Me fit un cœur trop haut pour ne vous point aimer.

ÉRIPHILE.

Un esclave !

ALCMÉON.

Une loi fatale à ma naissance,

---

* Du moins que je n'en rougis pas.

Des plus vils citoyens, m'interdit l'alliance:
J'aspirai jusqu'à vous dans mon indigne sort:
J'ai trompé vos bontés; †J'ai mérité la mort:
Mais, du rang que je perds & du cœur que j'adore,
Songez que mon rival est plus indigne encore:
Plus haï de nos Dieux; & qu'avec plus d'horreur
Amphiarus en lui verrait son successeur.
Madame, à mon aveu vous tremblez de répondre!

ERIPHILE.

Quel soupçon, quelle horreur vient ici me confondre!
Un esclave!... son âge.... & ses augustes traits.....
Hélas, appaisez-vous, Dieux, vengeurs des forfaits!
O criminelle épouse; & plus coupable mère!
Alcméon, dans quel temps a péri votre père?
Quel fut son nom? Parlez.

ALCMÉON.

J'ignore encor le nom
Qui ferait votre honte & ma confusion.

ERIPHILE.

Mais comment mourut-il? Où perdit-il la vie?
En quel temps?

ALCMÉON.

C'est ici qu'elle lui fut ravie,
Après qu'aux champs Thébains le céleste courroux
Eut permis le trépas du prince votre époux.

ERIPHILE.

O crime!

---

† Et suis digne de mort.

ALCMÉON.

Hélas! ce fut dans ma plus tendre enfance
Qu'on m'enleva, dit-on, l'auteur de ma naiffance,
Au pied de ce palais de tant de demi-Dieux,
D'où, jufques fur fon fils, vous abaiffiez les yeux.
Là, près du corps fanglant de mon malheureux père,
Je fus laiffé mourant dans la foule vulgaire
De ces vils citoyens, trifte rebus du fort,
Oubliés dans leur vie, inconnus dans leur mort.
Un prètre de ces lieux, fauva mes deftinées:
Il renoua le fil de mes faibles années:
Théandre m'éleva.... le refte vous eft dû:
Vous fites mes grandeurs, & l'orgueil m'a perdu.

ERIPHILE.

M'alarmerais-je en vain!... Mais cet oracle horrible,*
Le lieu, le temps, l'efclave... O ciel, eft-il poffible!
Qu'on cherche le Grand-prêtre... Hélas déja les Dieux,
Soit pitié, foit courroux, l'amènent à mes yeux!

SCENE III.

ERIPHILE, ALCMÉON, LE GRAND-PRETRE *une épée à la main.*

LE GRAND-PRETRE.

L'HEURE vient; armez-vous; recevez cette épée:*
Jadis dans votre fein un traître l'a trempée:
Allez, vengez Argos, Amphiarus & vous.

---

* C'eft trop m'inquiéter; non, il n'eft pas poffible!
Quel trouble cependant, & quel moment terrible!
ou (Quoi, ce fut ici même! Ah, quel moment terible!
(Le lieu, le temps, l'oracle... ô Ciel, eft-il poffible!

ERIPHILE.

Que vois-je ! c'est le fer que portait mon époux :
Ce fer sacré des rois, que ravit Hermogide :
Tout me retrace ici le crime & l'homicide.
La force m'abandonne à cet objet affreux.
Parle, qui t'a remis ce dépôt malheureux ?
Quel Dieu te l'a donné ? †

LE GRAND-PRETRE.

　　　　　Le Dieu de la vengeance.
Voici ce même fer qui frappa votre enfance :
Qu'un cruel, malgré lui ministre du destin, *
Troublé par ses forfaits, laissa dans votre sein.
Le Dieu qui dans son crime épouvante l'impie,
Qui fit trembler son bras, qui sauva votre vie,
Qui commande au trépas ouvre & ferme le flanc,
Venge un meurtre par l'autre, & le sang par le sang,
M'ordonna de garder ce fer toujours funeste,
Jusqu'à l'instant marqué par le courroux céleste.
La voix, l'affreuse voix qui vient de vous parler,
Me conduit devant vous; pour vous, me fait trembler.

ERIPHILE.

Achève, romps le voile, éclaircis le mystère.
Son père, cet esclave ?...

LE GRAND-PRETRE.

　　　　　Il n'étoit point son père :
Un sang plus noble crie.

---

† Le Dieu dont l'œil perçant s'ouvre sur cet empire ;
　Qui vous sauva par moi ; qui vous parle & m'inspire.

* Ce fer, qui du roi même a tranché le destin ;
　Ce fer, que j'ai tiré fumant de votre sein.

E

ERIPHILE.

Ah, seigneur ! Ah, mon roi !
Fils d'un héros !

ALCMÉON.

Quels noms vous prodiguez pour moi !

ERIPHILE (*se jettant dans les bras de Zélonide*)

Je ne puis achever.... je me meurs, Zélonide !

LE GRAND-PRETRE *à Alcméon*.

Je laisse entre vos mains ce glaive parricide :
C'est un don dangereux. Puisse-t-il désormais
Ne point servir, grands Dieux, à de plus grands forfaits !

SCENE IV.
ERIPHILE, ALCMÉON.

ERIPHILE.

EH bien, ne tarde plus ; remplis ta destinée ;
Porte le fer sanglant sur cette infortunée :
Etouffe dans mon sang cet amour malheureux
Que dictoit la nature en nous trompant tous deux :
Punis ma cruauté ; venge la mort d'un père :
Reconnais-moi, mon fils ; frappe, & punis ta mère.

ALCMÉON.

Moi, votre fils, grands Dieux !

ERIPHILE.

C'est toi dont au berceau
Mon indigne faiblesse a creusé le tombeau :
Toi, le fils vertueux d'une mère homicide :
Toi, dont Amphiarus demande un parricide :

Toi, mon sang, toi, mon fils, que le sort en courroux,
Sans ce prodige horrible, aurait fait mon époux.

ALCMÉON.

De quel coup ma raison vient d'être confondue !
Dieu, sur elle & sur moi puis-je arrèter la vue !
Je ne fais où je fuis ! Dieux, qui m'avez fauvé,
Reprenez tout le fang par vos mains confervé !
Est-il bien vrai, madame ? On a tué mon père;
Il veut votre fupplice; & vous êtes ma mère !

ERIPHILE.

Oui. Je fus fans pitié : fois barbare à ton tour;
Et montre toi mon fils en m'arrachant le jour.
Frappe...Mais quoi, tes pleurs se mèlent à mes larmes !
O mon cher fils !.... O jour plein d'horreurs & de
    charmes !
Avant de me donner la mort que tu me dois,
De la nature encor laiffe parler la voix :
Souffre au moins que les pleurs de ta coupable mère
Arrofent une main fi fatale & fi chère.

ALCMÉON.

Cruel Amphiarus ! Abominable loi !
La nature me parle, & l'emporte fur toi.
O ma mère !

ERIPHILE *l'embraffant*.

    Mon fils, que le ciel me renvoye !
Je ne méritais pas une fi pure joie.
J'oublie & mes malheurs & jufqu'à nos forfaits;
Ceux qu'un Dieu te commande; & tous ceux que j'ai
    faits.

SCENE V.

ERIPHILE, ALCMÉON, ZÉLONIDE, THÉANDRE.

THÉANDRE.

Seigneur, en ce moment, l'insolent Hermogide,
Suivi jusqu'en ces lieux d'une troupe perfide,
La flamme dans les mains, assiége ce palais.
Déja tout est armé : déja volent les traits.
Nos gardes, rassemblés courent pour vous défendre,
Le sang de tous côtés commence à se répandre.
Le peuple épouvanté, qui s'empresse & qui fuit,
Ne sait si l'on vous sert ou si l'on vous trahit.

ALCMÉON.

O ciel, voilà le sang que ta voix me demande !
La mort de ce barbare est ma plus digne offrande.
Reine, dans ces horreurs cessez de vous plonger :
Je suis l'ordre des Dieux, mais c'est pour vous venger.

Fin du quatrieme Acte.

ACTE V.

SCENE PREMIERE.

ALCMÉON, THEANDRE, POLÉMON, Soldat.

ALCMÉON.

Vous trahirai-je en tout, ô cendres de mon père !
Quoi, ce fier Hermogide a trompé ma colère !
Quoi, la nuit nous sépare ! & ce monstre odieux
Partage encor l'armée & le peuple & les Dieux !
Retranché dans ce temple, aux autels qu'il prophane,
Tranquille, il y jouit du ciel qui le condamne !
Allez.

POLÉMON.

Eh, qu'avez-vous, seigneur, à ménager ! *
Tous les lieux sont égaux, quand il faut se venger.
Vous régnez sur Argos.

---

* Achevez sa défaite, achevez vos projets ;
Venez, forcez ce traitre.

ALCMEON.

Epargnons mes sujets.
Dès ce moment je règne ; &, de ce moment même,
Comptable aux citoyens de mon pouvoir suprême,
Au péril de mon sang, je veux les épargner :
Je veux, en les sauvant, commencer à régner.
Je leur dois encor plus : je dois le grand exemple
De révérer les Dieux, & d'honorer leur temple.
Je ne souffrirai point que le sang innocent
Souille leur sanctuaire & mon règne naissant.

ALCMÉON.

Argos m'en est plus chère :
Avec le nom de roi je prends un cœur de père.
Me faudra-t-il verser dans mon règne naissant,
Pour un seul ennemi, tant de sang innocent?
Est-ce à moi de donner le téméraire exemple
D'attaquer les Dieux même; & de souiller leur temple?
Ils poursuivent déja ce cœur infortuné
Qui protége contre eux le sang dont je suis né.
Va, dis-je, Polémon, va : c'est de ta prudence
Que ton maître & le peuple attendent leur vengeance.
Agis, parle, promets : que sur-tout d'Alcméon
Il ne redoute point d'indigne trahison :
Fais qu'il s'éloigne au moins de ce temple funeste;
Rends-moi mon ennemi : mon bras fera le reste.

(*Polémon sort. A Théandre.*)

Et vous, de cette enceinte & de ces vastes tours
Avez-vous parcouru les plus secrets détours?
Du palais de la reine a-t-on fermé les portes?

THÉANDRE.

J'ai tout vu; j'ai par-tout disposé vos cohortes.
Cependant votre mère....

ALCMÉON.

A-t-on soin de ses jours?

THÉANDRE.

Ses femmes en tremblant lui prêtent leurs secours :
Elle a repris ses sens : son ame désolée
Sur ses lèvres encore à peine est rappellée;
Elle cherchait le jour, le revoit, & gémit;

Elle vous craint, vous aime, elle pleure & frémit. *
Elle va préparer un secret sacrifice
A ces mânes sacrés armés pour son supplice.
Suppliante & craintive, elle va s'enfermer
Au tombeau de ce roi qu'elle n'ose nommer,
De ce fatal époux, votre malheureux père,
Dont vous savez....

ALCMÉON.
Je sais qu'elle est ma mère.

THÉANDRE.
Les Dieux veulent son sang.

ALCMÉON.
Je ne l'ai point promis.
Cruels, tonnez sur moi, si je vous obéis !
Le malheur m'environne, & le crime m'assiége :
Je deviens parricide, & me rends sacrilège.
Quel choix, & quel destin !

THÉANDRE.
Dans un tel désespoir,
Quels conseils désormais pourriez-vous recevoir !

ALCMÉON.
Aucun. Quand le malheur & la honte est extrême,
Il ne faut prendre, ami, conseil que de soi-même.
Mon père que veux-tu !... Chère ombre appaise toi ! **

---

* Ses yeux versent des pleurs, & tout son corps frémit :
  Sa voix, par ses sanglots longtems interrompue,
  Nomme encore Alcméon, redemande sa vue :
  Son désespoir l'égare ; elle va s'enfermer.

* Chère ombre appaise-toi ; prends pitié de ton fils ;
  Arme & soutiens mon bras contre tes ennemis :

E 4

Le nom sacré de fils est-il affreux pour moi!
Je t'entends, & ta voix m'appelle sur ta tombe.
De tous tes ennemis y veux-tu l'hécatombe?
Tu demandes du sang... J'y cours... Attends ; choisis,
Ou le sang d'Hermogide, ou le sang de ton fils.

SCENE II.
ALCMÉON, THÉANDRE, POLÉMON.
ALCMÉON.

EH bien, l'as-tu revu, cet ennemi farouche
A lui parler d'accord as-tu forcé ta bouche?
Peut-il bien se résoudre à me voir en ces lieux,
Aux portes de ce temple, à l'aspect de ces Dieux,
Dans ce parvis sacré, trop plein de sa furie,
Dans la place où lui-même attenta sur ma vie?
Les Dieux le livrent-ils à ma juste fureur?
Sait-il ce qui se passe?

POLÉMON.
Il l'ignore, seigneur.
Il ne soupçonne point quel sang vous a fait naître :
Il méprise son prince, & méconnait son maître :
Furieux, implacable, à périr préparé ;
Et plus fier que le Dieu dans le temple adoré.
Mais enfin il consent de quitter cet asyle :
De vous entendre ici ; de revoir Eriphile :
Il veut qu'un nombre égal de chefs & de soldats,

Dans le sang d'Hermogide (étouffe)(appaise) ta colère ;
Quoi, de tous les côtés plein d'horreur & d'effroi,
Le nom sacré de fils est horrible pour moi!

Egalement armés, fuive de loin vos pas.
Il reçoit votre foi, qu'à regret je lui porte :
Il règle votre fuite, & nomme fon efcorte.

ALCMÉON.

Il va paraître ?

POLÉMON.

Il vient. Mais a-t-il mérité
Que vous lui conferviez tant de fidélité ?
Doit-on rien aux méchans ? Eh, quel refpect frivole
Expofe votre fang !

ALCMÉON.

J'ai donné ma parole.

POLÉMON.

A qui la tenez-vous, à ce perfide !

ALCMÉON.

A moi.

THÉANDRE.

Eh, que prétendez-vous ?

ALCMÉON.

Me venger en roi.
Argos, à mes vertus, reconnaîtra fon maître...
Mais près du temple, amis, ne vois-je pas le traître ?

THÉANDRE.

Un Dieu pourfuit fes pas, & le conduit ici :
Il entre en frémiffant :

ALCMÉON.

Dieux vengeurs, le voici !

SCENE III.

HERMOGIDE *dans le fond*, ALCMÉON, THÉANDRE, POLÉMON.

HERMOGIDE.

D'où vient donc qu'en ces lieux je ne vois point la reine.
Quel silence! Est-ce un piége où mon destin m'entraîne?
Rien ne paraît. Un lâche a-t-il surpris ma foi?
Qui, moi, craindre! Avançons.

ALCMÉON.

Demeure, & connais-moi.
Vois-tu ce fer sacré?

HERMOGIDE.

Que vois-je! le fer même
Qu'Amphiarus reçut avec son diadême!

ALCMÉON.

Te souvient-il du sang dont l'a souillé ta main?

HERMOGIDE.

Qu'oses-tu demander?

ALCMÉON.

Malheureux assassin,
Quel esclave ont percé ces mains de sang fumantes?
Quel enfant innocent? Eh quoi, tu t'épouvantes!
Tu t'en vantais tantôt! Tu te tais, tu frémis!
Meurtrier de ton roi, sais-tu quel est son fils?

HERMOGIDE.

Ciel, tous les morts ici renaissent pour ma perte!
Son fils.

ALCMÉON.
De tes forfaits l'horreur eſt découverte.
Revois Amphiarus, vois ſon ſang, vois ton roi.
HERMOGIDE.
Je ne vois rien ici que ton manque de foi.
Tremble, qui que tu ſois ; & devant que je meure...
Amis, ſoldats, courez.

ALCMÉON.
Non, barbare ; demeure :
Connais-moi tout entier ; ſache au moins que mon bras
Ne ſait point ſe venger par des aſſaſſinats.
Je dois, de tes forfaits, te punir avec gloire :
J'attends ton châtiment des mains de la victoire ;
Et le ſang de tes rois, qui te parle aujourd'hui,
Ne veut qu'une vengeance auſſi noble que lui.
Sans ſuite, ainſi que moi, viens, ſi tu l'oſes, traître,
Chercher encor ma vie, & combattre ton maître ;
Suis mes pas.
HERMOGIDE.
Où vas-tu ?
ALCMÉON.
Sur le tombeau ſacré ;
Sur la cendre du roi par tes mains maſſacré.
Combattans devant lui, que ſon ombre y décide
Du ſort de ſon vengeur & de ſon homicide.
L'oſes-tu ?
HERMOGIDE.
Si je l'oſe ! En peux-tu bien douter ?
Et ces morts & ton bras ſont-ils à redouter ?

Viens te rendre au trépas; viens, jeune téméraire,
M'immoler ou mourir, joindre ou venger ton père.
(*Le Grand-prêtre entre.*)

ALCMÉON.

Qu'aucun de vous ne suive. Et vous, prêtre des Dieux,
Ne craignez rien : mon bras n'a point souillé ces lieux.
Allez aux Dieux d'Argos immoler vos victimes :
Je vais tenir leur place, en punissant les crimes.

SCENE IV.

LE GRAND-PRETRE, THÉANDRE,
POLÉMON.

POLÉMON.

Ciel, sois pour la justice, & nos maux sont finis!

LE GRAND-PRETRE.

Nos maux sont à leur comble. Alecto, Némésis,
Portent vers ce tombeau leurs torches vengeresses; *
Poursuivent les forfaits, & mêmes les faiblesses.

---

(1) Du crime & du malheur messagères fatales,
Portent vers ce tombeau leurs torches infernales.
L'orgueil des scélérats ne peut les désarmer;
Les pleurs des malheureux ne peuvent les calmer :
Il faut que le sang coule; & leurs mains vengeresses
Punissent les forfaits, & même les faiblesses.

THÉANDRE.

Ciel, d'un roi vertueux daigne guider les coups!

LE GRAND-PRETRE.

Le Ciel entend nos vœux, mais c'est dans son courroux.
O conseils éternels! O sévères puissances,
Quelles mains forcez-vous à servir vos vengeances!

POLÉMON.

C'est la voix de la reine! Ah, quels lugubres cris!

LE GRAND-PRETRE.

Infortuné, quels Dieux ont troublé tes esprits!

THÉANDRE.
Quoi ce vertueux prince!....
LE GRAND-PRETRE.
Il frappe, il est vainqueur....
C'en est assez: reviens de ce lieu plein d'horreur.
Amphiarus le suit; il l'égare; il l'anime;
Il le pousse; & le crime est puni par le crime.
POLÉMON.
C'est la voix de la reine!
THÉANDRE.
Ah, quels lugubres cris!
LE GRAND-PRETRE.
Vous le voulez, destins.... il le faut... je frémis!
L'ordre est irrévocable... Ah, mère malheureuse,
La parque t'a conduite à cette tombe affreuse!
Les morts & les vivans y sont tes ennemis:
Crains ton roi, crains ton sang.
ERIPHILE *derrière le théatre.*
Epargne-moi, mon fils!
ALCMÉON *derrière le théatre.*
Reçois le dernier coup; tombe à mes pieds, perfide.
THÉANDRE.
Ah, qu'est-ce que j'entends!
LE GRAND-PRETRE.
La voix d'un parricide.

Que vas-tu faire! Et toi mère trop malheureuse,
Garde-toi d'approcher de cette tombe affreuse:
Les morts & les vivans y sont tes ennemis:
Reine, crains ton époux, crains encor plus ton fils!
ERIPHILE *derrière le théatre.*
Mon fils, épargne-moi!

SCENE V.

THÉANDRE, ALCMÉON, LE GRAND-PRETRE, POLÉMON.

ALCMÉON.

Je viens de l'achever ; il n'eſt plus ; je ſuis roi.
Rendez tous grace aux Dieux qui combattaient pour moi ;
Ils conduiſaient mes coups ; ils guidaient ma colère.
Ce bras l'a fait tomber même aux pieds de ma mère.
Il demandait la vie ; il s'eſt humilié ; *
Mais mon cœur une fois s'eſt trouvé ſans pitié.
Eriphile eſt témoin de ma juſte vengeance.
D'où vient qu'en ce moment elle fuit ma préſence ?
Craint-elle de ſon fils le bras enſanglanté ;
Et cet horrible arrêt que mon père a dicté ?
Allez, courrez vers elle, & calmez ſes alarmes:
Dites-lui que mes mains vont eſſuyer ſes larmes..
Mais non... je veux moi-même embraſſer ſes genoux:
Allons, je veux la voir.

LE GRAND-PRETRE.

Ah, que demandez-vous !

ALCMÉON.

Je vais mettre à ſes pieds ce fer ſi redoutable...
Que dis-je ! Où ſuis-je ! Où vais-je ! & quelle horreur m'accable !

---

* Ce monſtre enfin n'eſt plus ; Argos en eſt purgé :
Les Dieux ſont ſatisfaits ; & mon père eſt vengé.
J'ai vu ſur cette tombe Eriphile éperdue :
D'où vient qu'en ce moment elle évite ma vue ?

D'où vient donc que le sang qui réjaillit sur moi,
Si justement versé, m'inspire un tel effroi ?
Je n'ai point cette paix que la justice donne :
Quoi, j'ai puni le crime, & c'est moi qui frissonne !
Dieux, pour les scélérats quels sont vos châtimens,
Si les cœurs vertueux éprouvent leurs tourmens !

SCENE DERNIERE.

ERIPHILE, *soutenue par ses femmes*, ALCMEON, THÉANDRE, LE GRAND-PRETRE, POLÉMON, Suite.

ALCMÉON *d'un air égaré*.

OMBRE cruelle, eh bien ! que veux-tu d'avantage ?
Quel sang coule à mes yeux... que vois-je !

ERIPHILE.

       Ton ouvrage,
Les oracles cruels enfin sont accomplis ;
Et je meurs par tes mains, quand je retrouve un fils !
Le ciel est juste !

ALCMÉON.

    Hélas parricide exécrable !
Vous, ma mère !... Elle meurt... & j'en serais coupable !
Moi ! moi ! Dieux inhumains !

ERIPHILE.

       Je vois à ta douleur
Que les Dieux, malgré toi, conduisaient ta fureur,
La main qu'ils ont guidée a méconnu ta mère. *

---

* Du crime de ton bras ton cœur n'est point complice ;
Ils égaraient tes sens, pour hâter mon supplice.
Je te pardonne tout... Je meurs contente. Hélas ! &c.

Ta parricide main ne m'en est pas moins chère :
Ton cœur est innocent : je te pardonne... hélas !
Laisse-moi la douceur d'expirer dans tes bras !
Ferme ces tristes yeux qui s'entr'ouvrent à peine.

ALCMÉON *à ses genoux.*

J'atteste, de ces Dieux, la vengeance & la haine:
Je jure par mon crime & par votre trépas,
Que mon sang devant vous....

ERIPHILE.

Mon fils, n'achève pas
Indigne que je suis du sacré nom de mère,
J'ose encor te dicter ma volonté dernière :
Il faut vivre & régner. Le fils d'Amphiarus
Doit réparer ma vie à force de vertus.
Un moment de faiblesse, & même involontaire,
A fait mes attentats, a fait périr ton père.
Souviens-toi des remords qui troublaient mes esprits;
Souviens-toi de ta mère... ô mon fils, mon cher fils !
(*Elle l'embrasse, fait un effort pour se lever, & élève la voix.*)
C'en est fait !
(*Elle meurt. Alcméon est évanoui.*)

LE GRAND-PRETRE.

La lumière à ses yeux est ravie.
Secourez Alcméon ; prenez soin de sa vie.
Que, de ce jour affreux, l'exemple menaçant
Rende son cœur plus juste, & son règne plus grand !

FIN.

www.ingramcontent.com/pod-product-compliance
Lightning Source LLC
LaVergne TN
LVHW021002090426
835512LV00009B/2032